BADISCHE
Wildkräuterküche

VERLAG MORITZ SCHAUENBURG

Alle Gerichte sind,
wenn nicht anders angegeben,
für 4 Personen berechnet.
Rezeptregister Seite 62/63

Vorwort

Eine der interesssantesten Seiten der badischen Kochkunst ist die Wildkräuterküche. Alte, häufig von der Mutter an die Tochter weitergegebene Rezepte wurden hier zusammengetragen. Dabei steht das Geschmackserlebnis zwar meist im Vordergrund, dennoch weiß man seit altersher, daß diese Kräuter auch der Gesundheit wohltuen – vorausgesetzt, sie werden in Maßen genossen.

KLEINES WILDKRÄUTER-ABC

Die in Deutschland und Mitteleuropa wachsenden Wild- und Heilkräuter gehen in die hunderte. Aber nicht alle sind für die Küche geeignet. Rund 25 Arten von Wildpflanzen und Wildbeeren werden in diesem Kochbuch zu feinen und gesundheitsfördernden Gerichten verarbeitet. Nachstehend die deutschen und lateinischen Namen, Standorte und Sammelzeiten. Je nach Höhenlage und klimatischen Bedingungen gibt es bei den Erntezeiten natürlich Abweichungen.

BÄRENKLAU
(Heracleum sphondylium):
Ist auf Wiesen, an Wald- und Wegrändern zu finden. Wird von April bis Oktober gesammelt.

BÄRLAUCH
(Allium ursinum):
Wächst in schattigen Laubwäldern, von den Rheinauen bis in Voralpenhöhen. Kann von März bis Juli – je nach Höhenlage – gesammelt werden.

BEIFUSS
(Artemisia vulgaris):
Er ist fast überall zu finden – ob an Wegrändern oder Bachufern, auf Schuttplätzen oder Bahndämmen. Gesammelt wird er ab Juli bis in den Spätherbst.

BEINWELL
(Symphytum officinale): Auf feuchten Wiesen, an Gewässern und in Auwäldern anzutreffen. Sammelzeit für die Sprossen im Frühjahr, junge Blätter und Stengel fast den ganzen Sommer.

BIBERNELLE
(Pimpinella saxifraga):
Ist auf trockeneren Wiesen, an Wegrändern und steinigen Abhängen zu finden. Die besten Sammelzeiten sind März/April und September/Oktober; in höheren Regionen auch in den Sommermonaten.

BREITWEGERICH
(Plantago major):
Über diese Pflanze stolpert man fast ständig, denn sie wächst gerne an vielbegangenen Wegen. „Erntezeit" ist ganzjährig.

BRENNESSEL
(Große/Kleine – Urtica dioica/urens):
Als typische „Unkrautpflanze" ist sie fast überall zu finden: an Zäunen, Bachufern usw.. Gesammelt wird sie überwiegend von April bis November, in tieferen Lagen sogar ganzjährig.

BRUNNENKRESSE
(Nasturtium officinale):
Sie liebt nasse Wiesen, Quellen, klare, fließende Bäche und Gräben, die auch in strengen Wintern nicht zufrieren, und wächst als breiter „Rasen" noch tief unter der Wasseroberfläche. Im Winter und zeitigen Frühjahr schmecken

die zarten Blattspitzen mild-pfeffrig, nach der Blüte schärfer. Während der Blütezeit von Mai bis September sind die Blätter von fast beißender Schärfe.

GÄNSEBLÜMCHEN
(Bellis perennis):
Wächst überwiegend auf Wiesen und an Wegrainen. Ab März und bis in den Herbst hinein ist Sammelzeit.

GUNDERMANN
(Glechoma hederacea):
Gefunden wird die auch Gundelrebe genannte Pflanze auf feuchten Wiesen und Waldrändern. Gesammelt werden die Blätter von März bis Juni.

HUFLATTICH
(Tussilago farfara):
Ist meist an Böschungen, Schutthalden und auf Ödland anzutreffen. Sammelzeit ist von März bis Juli.

LÖWENZAHN
(Taraxacum officinale):
Er wächst auf fetten Wiesen, an Wegrändern und in Gärten. Geerntet wird er vor der Knospenbildung bis etwa in den März, danach jeweils nach dem Wiesenschnitt bis in den Herbst hinein. Noch geschlossene Knospen können wie Kapern in Essig eingelegt und als Würze verwendet werden.

SALBEI
(Salvia offincinalis)
Er stammt vermutlich aus Dalmatien und Mazedonien und liebt auch hier trockene aber nährstoffreiche Böden. Gesammelt werden kann im Prinzip das ganze Jahr über.

SAUERAMPFER
(Rumex acetosa):
Er liebt feuchte Wiesen, Flußufer und Waldmatten, ist aber auch an Wegrändern zu finden. Gesammelt

wird er ab März bis in den Spätherbst.

SCHAFGARBE
(Achillea millefolium): Standorte sind Wiesen, lichte Wälder und Schutthalden. Die besten Erntemonate sind von April bis September.

SPITZWEGERICH
(Plantago lanceolata): Auf Wiesen und an Wegrändern ist er leicht zu finden. Von Mai bis September ist die beste Sammelzeit, er wächst jedoch ganzjährig.

TAUBNESSEL
(Lamium album): Ähnlich wie die Brennessel ist auch sie an Wegen, Zäunen und Hecken zu finden. Geerntet wird sie von Ende März bis in den Oktober hinein.

WALDMEISTER
(Asperula odorata) Wächst in ganz Mitteleuropa in schattigen Laubwäldern, vor allem mit Buchen. Beste Sammelzeit ist im Mai vor der Blüte.

WIESENSCHAUMKRAUT
(Cardamine pratensis): Das meist als üppiger Teppich wachsende Kraut liebt feuchte Wiesen, Auen- und lichte Mischwälder. Es kann von März bis Juli gesammelt werden.

WILDBEEREN

BROMBEERE
(Rubus fruticosus):
Leicht zu finden in lichten Wäldern. Sammelzeit ist von Juni bis September.

HAGEBUTTE
(Rosa canina):
Die auch Hunds-Rose genannte Beere wächst an Weg- und Waldrändern und trockenen Hängen. Geerntet wird die Frucht von Ende September bis in den November hinein.

HEIDELBEERE
(Vaccinium myrtillus):
Ist in lichten Laub- und Nadelwäldern bis an die alpine Baumgrenze zu entdecken. Erntezeit ist von Juli bis September/Oktober.

HOLUNDER
(Sambucus nigra)
Der schwarze Holunder wächst als 5-10 m hoher Strauch in Gebüschen, an Wald- und Hainrändern. Gesammelt werden die ganzen Blütenstände von Juni bis Juli, später die reifen Beeren.

PREISELBEERE
(Vaccinium vitis-idaea):
Wächst in Nadelwäldern und auf Trockenheiden. Gesammelt wird sie von August bis Oktober.

SANDDORN (Hippophae rhamnoides):
Er ist im Alpenvorland, in den Donau- und Rheinniederungen, an der Nord- und Ostseeküste zu finden. Geernten werden die Beeren von September/Oktober bis (vor dem Frost) in den Dezember hinein.

SCHLEHE
(Prunus spinosa):
Steht überwiegend an Wald- und Wegrändern sowie an Heckenrainen. Gesammelt wird die Schlehe – oder Schwarzdorn – nach den ersten Herbstfrösten.

WALDERDBEERE
(Fragaria vesca)
Liebt sonnige Standorte in lichten Wäldern und Hängen. Gesammelt werden die jungen Blätter zu Blütezeit im Mai/Juni und die reifen Beeren ab Ende Juni.

SAMMEL-HINWEISE

Wichtigster Grundsatz: Nur die Wildpflanzen und -beeren sammeln, die man absolut sicher bestimmt kann. Zweiter Grundsatz: Nur soviele Blätter, Blüten und Beeren sammeln, wie für das jeweilige Gericht benötigt werden. Dabei von jeder Pflanze stets nur einige wenige Blätter abzupfen, um ihr nicht die Lebenskraft zu nehmen. Sammeln Sie nicht in der Nähe von stark befahreren Autostraßen, Industrieanlagen und auf erst kürzlich gedüngten Wiesen. Gesammelt wird am besten in luftigen Körben – auf keinen Fall in Plastiktüten! Nützlich ist dabei ein scharfes Küchen- oder Taschenmesser sowie Gartenhandschuhe zum Beispiel für Brennesseln. Das Sammelgut sollte möglichst noch am gleichen Tag verarbeitet werden: vor allem die zarten Kräuter verlieren rasch an Frische, was in erster Linie Vitaminverlust bedeutet. Wollen Sie aber die Kräuter vom Sonntagsspaziergang erst am Montag verwenden, geben Sie sie mit einem gut angefeuchteten Blatt Haushaltspapier in einen Gefrierbeutel und legen ihn in den Kühlschrank. Größere Mengen, zum Beispiel von Sauerampfer, können auch in ein feuchtes Küchentuch eingeschlagen im Gemüsefach aufbewahrt werden. Aber niemals länger als bis zum nächsten Tag!

400 g feine Band-nudeln
1 Eßl. Olivenöl
60 g Gundermann-blätter
3–5 Bärlauchblätter
150 g weiche Butter
Salz
Parmesan am Stück

Nudeln in Gundermann-butter

Gundermann oder Gundelrebe ist außer im oberen Bergland hierzulande überall verbreitet, besonders an feuchten, schattigen Plätzen. Er hat einen würzigen, kräftigen Geschmack und ergibt, unter Quark, Bibeliskäse oder Butter gemischt, einen leckeren Brotaufstrich.

Die Nudeln in reichlich kochendem Salzwasser in 10–12 Minuten bißfest kochen, abgießen und in einer mit Olivenöl ausgepinselten Schüssel warmstellen. Die Gundermann- und Bärlauchblätter waschen, trockentupfen und sehr fein hacken. Mit einer Gabel unter die Butter kneten und mit etwas Salz abschmecken. Die heißen Nudeln mit der Kräuterbutter vermischen und sofort servieren. Nach Belieben mit frisch geriebenen Parmesan bestreuen. Dazu schmeckt ein bunter, südlicher Salatteller.

Gundermann

TIP: Mit würzigen Kräutern – zum Beispiel auch je nach Jahreszeit mit Brunnenkresse oder Sauerklee – läßt sich wunderbar abwechslungsreiche Kräuterbutter herstellen.

Wildkräuternudeln mit Knoblauch

400 g Weizenmehl
4 Eier
Salz
Olivenöl
frische Kräuter (je 5–10 Blätter oder Zweige): Sauerampfer, Löwenzahn, Bibernelle, Bärlauch, wilder Salbei usw.
Mehl zum Ausrollen
2 Knoblauchzehen

(für 6–8 Personen)

Wer Löwenzahn ernten will, sollte nur die ganz zarten Blätter aus der Blattrosenmitte zupfen, die äußeren können sehr bitter sein.

Das Mehl in eine Schüssel geben und eine Mulde formen. Die Eier mit 1/2 Teelöffel Salz verquirlen, 1/4 Tasse beiseite stellen. Die restliche Eimasse und 2 Eßlöffel Öl mit einer Gabel in das Mehl einrühren, dann mit den Händen einen festen Teig kneten. Den Teig in einer abgedeckten Schüssel eine Stunde ruhen lassen. Inzwischen die Kräuter putzen, waschen und trockentupfen. Die Stiele abknipsen. Den Nudelteig auf der bemehlten Arbeitsfläche ausrollen und mit der restlichen Eimasse bestreichen. Die Kräuterblätter auf dem Teig verteilen und mit dem Nudelholz kräftig darüberrollen, bis die Kräuter fest in den Teig eingepreßt sind. Den Teig in zentimeterbreite Streifen schneiden. Die Kräuternudeln in reichlich, nur eben siedendem Salzwasser etwa 5 Minuten garen. Die Nudeln abtropfen lassen. Etwa 6 Eßlöffel Olivenöl nicht zu stark erhitzen, die geschälten Knoblauchzehen durch die Presse hineindrücken und glasig werden lassen. Die Nudeln im Knoblauchöl schwenken und rasch servieren.

TIP: Die Kräuternudeln schmecken auch als extravagante Beilage zu Wild, dunklen Braten und kurzgebratenem Fleisch.

Brennesseltriebe in Gutedelteig

20–30 junge Brennesseln
100 g Mehl
1/4 l trockenen Weißwein (Gutedel)
Salz
2 Eiweiß
Erdnußöl

Die ganzen Brennesselstengel kurz heiß abbrühen, abtropfen lassen und auf einem Küchentuch trockentupfen. Aus Mehl und Wein einen glatten Teig rühren und mit Salz abschmecken. Das leicht geschlagene Eiweiß unter den Teig ziehen. Von den Brennnesselstengeln die oberen, jungen Triebe abschneiden (ca. 5–7 cm), dabei ein Stück vom Stengel unterhalb der Blätter als „Haltegriff" stehen lassen. Das Öl in einem mittelgroßen Topf auf ca. 175° C erhitzen. Die Brennesselköpfe durch den Gutedelteig ziehen und portionsweise im heißen Öl ausbacken. Dabei dürfen sich die Triebe nicht berühren. Mit einem Schaumlöffel aus dem Fett heben, abtropfen lassen und zum Abfetten auf eine dicke Lage Haushaltspapier legen. Die Triebe schmecken nicht nur als Vorspeise, sondern auch als Beilage zu kurzgebratenem oder gegrilltem Fleisch.

TIP: Beim Sammeln (mit Gartenhandschuhen) nicht nur die oberen Triebe abschneiden. Besser die ganzen Brennesselstengel mitnehmen und die größeren, nicht benötigten Blätter trocknen, um daraus einen Tee zu bereiten, der bei Erkrankungen der Atemwege, Magen- und Darmbeschwerden helfen soll.

Geräucherte Forelle in Kräuteraspik

4 Blatt weiße Gelatine
1/4 l Fischfond (Fertigprodukt)
2 cl trockener Sherry (Fino)
1 Teel. bunte Pfefferkörner
1 Teel. Kräuteressig
Salz
weißer Pfeffer (Mühle)
30 junge Löwenzahnblätter
10 Taubnesseln mit frischen Blüten
4 geräucherte Forellenfilets von je etwa 125 g
100 g Frischkäse
4 Scheiben von hartgekochtem Ei
1 rote Paprikaschote

Die zusammengerollten Gelatineblätter in kaltem Wasser einweichen. Den Fischfond mit Sherry, Pfefferkörnern und Essig aufkochen, durchsieben, mit Salz und Pfeffer abschmekken. Die Gelatine ausdrücken und in dem heißen Sud auflösen. Etwa 5 mm hoch Sud in vier zuvor kalt ausgespülte Förmchen gießen und im Kühlschrank als „Spiegel" erstarren lassen. Löwenzahnblätter und Taubnesseln kalt abbrausen und trockentupfen. Taubnesselblüten (vom Köpfchen) in die Mitte des Aspikspiegels legen, kleine Löwenzahnblätter sternförmig darum anordnen. Die Forellenfilets zusammenrollen und in die Förmchen stellen. Den Frischkäse mit den restlichen, kleingehackten Wildkräutern mischen und in die Forellenröllchen füllen. Jeweils mit einer Eischeibe abdekken. Mit dem restlichen Sud übergießen, bis das Ei knapp bedeckt ist. Das Aspik im Kühlschrank in 2-3 Stunden fest werden lassen. Die Paprikaschote putzen und in feine Streifen schneiden. Die Förmchen kurz in heißes Wasser tauchen, das Aspik am Rand mit einem spitzen Messer lösen und auf flache Teller stürzen. Mit Paprikastreifen und einer größeren Taubnesselblüte garnieren. Dazu in Scheiben geschnittene Mehrkornbrötchen oder frische Nußbaguette und gesalzene oder Bauern-Butter servieren.

Taubnessel

Ausgebackener Spitzwegerich

30–40 junge Spitzwegerichblätter mit Stiel
100 g Mehl
1/8 l trockenen Weißwein (Riesling)
2 Eigelb
2 Eiweiß
Salz
Erdnußöl
bunter Pfeffer (Fertigmischung)

Die Spitzwegerichblätter waschen und trockentupfen. Aus Mehl, Wein und Eigelb einen Teig rühren. Eiweiß zu einem nicht zu festen Schnee schlagen und unter den Teig heben. Den Teig mit etwas Salz abschmecken. Das Erdnußöl in einem mittelhohen Topf sehr stark erhitzen. Die Blätter am Stielende anfassen und durch den Teig ziehen. Dabei einige Male hin und her drehen. Dann rasch ins heiße Öl gleiten lassen, jedoch immer nur eine Lage, damit die Blätter nicht zusammenkleben. Öfter mit einer Gabel wenden, bis die Teighülle goldbraun ist. Die fertigen Blätter mit einer Schöpfkelle aus dem Öl nehmen, abtropfen und auf dicken Lagen Haushaltspapier abfetten lassen. Mit buntem Pfeffer leicht würzen und noch warm servieren.
Diese „Mäuschen“ schmecken hervorragend zu einem Aperitif, wie trockener Martini, Sherry (Fino) oder Sekt bzw. Champagner.

Variante: Ebenso kann man auch zarte Salbei- oder Huflattichblättchen ausbacken.

Sauerampfercrêpes

250 g junge Sauerampferblätter
2 Schalotten
80 g Butter
Salz
weißer Pfeffer (Mühle)
4 Eigelb
4 Eßl. Mehl
1/8 l Milch
1/8 l süße Sahne
4 Eiweiß
4 Eßl. frisch geriebener Parmesankäse

Die Sauerampferblätter verlesen, waschen und grob hacken. Die geschälten Schalotten fein würfeln. Beides in 20 g Butter solange unter Rühren dünsten, bis die Schalotten glasig sind. Mit Salz und Peffer würzen und beiseite stellen. Die Eigelbe mit dem Mehl, der Milch und der Sahne zu einem glatten Teig rühren. Eiweiß mit etwas Salz zu nicht ganz festem Schnee schlagen und unter den Teig heben. In einer kleinen, möglichst beschichteten Pfanne jeweils nur etwa ein nußgroßes Stück Butter auslassen und aus dem Teig 8 hauchdünne Crêpes backen. Wenn alle Crêpes fertig sind mit dem Sauerampferpüree bestreichen und zusammenrollen. Eine rechteckige, feuerfeste Form mit Butter einfetten und die Crêpes hineinlegen. Mit Parmesan bestreuen. Die restliche Butter zerlassen und über den Käse träufeln. Die Crêpes unter dem vorgeheizten Grill etwa 2 Minuten überbacken. Dann auf vier Tellern anrichten und mit je 2–3 kleinen Sauerampferblättchen garniert als Vorspeise servieren.

Variante: Statt Sauerampfer kann man auch ebenso zubereitete Taubnesseln, Huflattich oder Gänseblümchenblätter und -blüten als Füllung verwenden.

Gundermann-Kräuter-Suppe

250 g Gundermann
50 g Schafgarbe
50 g Pimpinelle
50 g Brunnenkresse
50 g Sauerampfer
50 g Gänseblümchen
1 Handvoll Kerbel
Salz
30 g Butter oder Margarine
30 g Mehl
2 Eigelb

Alexander von Humboldt (1769–1859), der berühmte Naturforscher, soll sich dieses Süppchen nach einem ausgedehnten Maienspaziergang gekocht haben. Und er tat Recht, denn es ist köstlich.

Die Wildkräuter waschen und abtropfen lassen. In einen Topf geben, mit Wasser gut bedecken und nach Belieben salzen, aufkochen und die Kräuter zerkochen lassen. Eine Tasse klare Brühe abschöpfen und beiseite stellen. Dann die Kräuterbrühe durch ein feines Sieb streichen. Butter oder Margarine erhitzen, das Mehl einstreuen und unter Rühren zart bräunen. Mit der klaren Brühe ablöschen und 10–12 Minuten köcheln lassen. Die Kräuterbrühe dazugeben und kurz aufkochen. Die Suppe vom Herd ziehen und mit den verquirlten Eigelben legieren. Dazu geröstete dunkle Vollkornbrotscheiben servieren.

Variante: Wer mag, kann einen Teil Wasser durch trockenen Weißwein ersetzen und die Suppe zusätzlich mit Sahne verfeinern.

Brennesselsuppe

500 g Brennessel-blätter
3/4 l Gemüse- oder Hühnerbrühe (Instant)
1/4 l Milch
1/8 l trockener Weißwein (Riesling)
Salz
weißer Pfeffer (Mühle)
geriebene Muskatnuß
2 Eigelb

Sie sei aufdringlich und lästig, wird berichtet. „Sie verfolgt den Menschen förmlich und scheint durch ihre Fruchtbarkeit über die Zeit zu triumphieren", ist in einer Heilkräuterbroschüre zu lesen. Dabei hat die Brennessel – beispielsweise – einen extrem hohen Vitamin-C-Gehalt, nämlich 333 mg/pro 100 Gramm (zum Vergleich: Rosenkohl als Gemüse bringt es „nur" auf 114 mg und selbst die hochgelobte Petersilie lediglich auf 166 mg je 100 g).

Die Brennesselblätter kurz unter kaltem Wasser abbrausen und abtropfen lassen. In der Brühe kurz aufkochen und wenige Minuten ziehen lassen. Dann mit dem Mixstab pürieren. Milch und den Wein einrühren und die Suppe nochmals eben aufkochen lassen. Mit Salz, Pfeffer und Muskat abschmecken. Die Suppe vom Herd nehmen und mit den verquirlten Eigelben legieren. In Suppentassen füllen, mit je einem zartfrischen Brennesselblättchen garnieren und sich von den Gästen überraschen lassen (wer ißt's Blättchen mit?).

TIP: Wer's üppiger liebt, ersetzt die Hälfte der Milch durch süße Sahne. Sehr gut schmeckt auch Crème fraîche, dann sind keine Eigelbe nötig.

Brunnenkressesuppe

2 Schalotten
2 Knoblauchzehen
2 Eßl. Olivenöl
150 g Brunnenkresseblätter
2 cl trockener Sherry (Fino)
3/4 l Gemüsebrühe (Instant oder selbstgekocht)
2 Scheiben altbackenes Weißbrot
Salz
weißer Pfeffer (Mühle)
evtl. Schlagsahne

„Die Brunnenkresse – ein sehr gesunder, blutreinigender und magenstärkender Salat – ist, wenn man sie haben kann, den ganzen Winter hindurch und im Frühjahr so lange brauchbar, wie noch kein Froschlaich sie ekelhaft macht." So schrieb die berühmte Pfarrköchin Henriette Davidis in ihrem 1844 erschienenen „Praktischen Kochbuch für die gewöhnliche und feinere Küche" – heutzutage sagt man, Brunnenkresse kann bis zur Blütezeit gepflückt werden (siehe auch Seite 5).

Die geschälten Schalotten in feine Würfel, den geschälten Knoblauch in hauchdünne Scheiben oder Streifen schneiden. Beides in heißem Öl nur eben glasig braten (zu dunkler Knoblauch schmeckt unangenehm bitter). Die Brunnenkresseblättchen von den Stielen zupfen, waschen und trockentupfen. Große Blätter grob zerpflücken. Die Brunnenkresse auch ins Öl geben und kurz mitdünsten. Mit dem Sherry ablöschen und die Gemüsebrühe zufügen. Das zerkrümelte Weißbrot darüberstreuen und kurz einziehen lassen. Mit Salz und Pfeffer abschmecken.

TIP: Wer diese Suppe etwas feiner servieren möchte, kann sie vor dem Abschmecken mit dem Mixstab pürieren und mit einem Sahnehäubchen krönen.

Beinwell-Gemüsesuppe

250 g Beinwellblätter
30 g Butter oder Margarine
1 Teel. Mehl
3/4 l Gemüsebrühe (Instant oder selbstgekocht)
bunter Pfeffer (Fertigmischung)
1/4 Kästchen Kresse zum Garnieren

Bei der Suche nach Beinwell müssen meist ausgetretene Pfade verlassen werden, denn dieses Kraut findet sich in Gräben, an Böschungen oder auf feuchten Äckern. Als Heilpflanze wirkt es entzündungshemmend und blutstillend. In der Küche kann es sowohl als Suppeneinlage wie auch als Beilagengemüse bereitet werden.

Die Beinwellblätter kurz waschen, auf einem Küchentuch oder Haushaltspapier trockentupfen und sehr fein hacken. Im heißen Fett kurz andünsten und mit Mehl bestäuben. Das Mehl unter ständigem Rühren zart bräunen. Mit der Gemüsebrühe ablöschen und die Suppe etwa 10 Minuten leise köcheln lassen. Dabei hin und wieder umrühren, damit sich keine Haut bildet. Die Sauce mit bunten Pfeffer abschmecken, in Suppentassen füllen und mit den abgespülten, von den Stielen geschnittenen Kresseblättchen bestreut servieren.

TIP: Wer bei der Beinwell-Suche zufällig auf Brunnenkresse stößt, rundet die Suppe natürlich damit statt mit gekaufter Zuchtkresse ab.

3 Schalotten
250 g Bärlauch-blätter
3 Eßl. Olivenöl
250 g mehligkochende Kartoffeln
3/4 l Gemüse- oder Fleischbrühe (Instant)
Salz
bunter Pfeffer (Fertigmischung)
1 cl Topinamburschnaps (ersatzweise Kümmelschnaps)
1/8 l süße Sahne

Kartoffelsuppe mit Bärlauch

Manche mögen diese herzhafte Frühlingssuppe am liebsten kalt. Das ist – wie immer – Geschmacksache. Wir genießen sie heiß!

Die Schalotten schälen und fein würfeln. Die abgespülten, trockengetupften Bärlauchblätter kleinschneiden. 4 Eßlöffel Blätter beiseite stellen.
Das Öl in einem Topf erhitzen. Schalotten und den übrigen Bärlauch darin dünsten, bis die Schalotten glasig sind. Die gewaschenen Kartoffeln schälen, würfeln und mit der Brühe in den Topf geben. Die Suppe etwa 15 Minuten leise kochen lassen, bis die Kartoffelwürfel weich sind. Die Suppe mit dem Stabmixer pürieren. Mit Salz, Pfeffer und dem Topinambur abschmecken. Die Sahne halbsteif schlagen und unter die Suppe ziehen. Die Suppe in vorgewärmte Suppentassen schöpfen und mit den zurückbehaltenen Bärlauchblättern bestreuen.

Hinweis: Topinamburschnaps, auch Tombi oder Roßler genannt, ist ein typisch badisches Produkt. Er wird aus der äußerlich der Ingwerwurzel ähnlichen Knolle eines Sonnenblumengewächses gebrannt. Die sehr nährstoffreiche Knolle kann auch als Gemüse oder Rohkost gegessen werden und ist wegen ihres hohen Inulingehalts besonders für Diabetiker geeignet.

Sauerampfer-suppe mit Ei

300 g Sauerampferblätter
65 g Butter oder Margarine
3/4 l Gemüse- oder Hühnerbrühe (Instant)
2 Weißbrotscheiben
1/4 l süße Sahne
2 Eigelb
Salz
weißer Pfeffer (Mühle)
geriebene Muskatnuß

Man müsse den Sauerampfer mit „Liebe und der Lupe“ suchen, schreibt eine Kochbuchautorin. Doch wer mit offenen Augen durch Bach- oder Flußauen geht, findet ihn auch heute noch ohne Probleme. Niemand muß also, wie es angeblich berühmte Küchengrößen handhaben, seinen Sauerampfer aus Frankreich einfliegen lassen.

Den Sauerampfer waschen und trockentupfen. Für die Garnitur ein paar schöne kleine Blätter zurücklegen. Die übrigen Blätter von den Stengeln streifen und kleinschneiden. Im 40 g Fett unter ständigem Rühren vorsichtig andünsten. Mit der Brühe aufgießen und etwa 15 Minuten bei milder Hitze köcheln lassen. Nebenher die Weißbrotscheiben würfeln und im restlichen Fett knusprig goldbraun rösten. Die Sahne unter die nicht mehr kochende Suppe ziehen, mit Salz, Pfeffer und Muskatnuß abschmecken. Die Suppe mit dem leicht schaumig geschlagenen Eigelb binden und in Suppentassen füllen. Mit gerösteten Weißbrotwürfeln und den Sauerampferblättchen bestreut rasch servieren.

TIP: Wer Sauerampfer (oder andere Kräuter) sammeln geht, hat natürlich keine Waage dabei. Wenn es schöne Stiele mit brauchbaren Blättern sind, sollte man schon einen handumfassenden Strauß pflücken.

Holundersuppe mit Birne

750 g Holunderbeeren
1 l Wasser
1/2 Zimtstange
1/2 Vanilleschote
20 g Mehl
60 g Zucker
1/2 l Milch
2 reife, aber feste Birnen

Ursprünglich stammt dieses Gericht aus der Oberlausitz, dem sächsischen Grenzland zu Polen. Inzwischen hat aber die Kombination Holunderbeeren und Birnen in vielen anderen Landschaftsküchen Eingang gefunden, so auch in die badische.

Die Holunderbeeren waschen, trockenschütteln und mit einer Gabel von den Rispen streifen. Zusammen mit der Zimtstange und der aufgeschlitzen Vanilleschote im Wasser in etwa 20 Minuten weichkochen, dann durch ein feines Sieb streichen. Das Mehl mit dem Zucker in der Milch glattrühren. Die Suppe erneut aufkochen und die Milch in einem dünnen Faden unter kräftigem Rühren einlaufen lassen. Die Birnen schälen, vierteln, entkernen und quer in dünne Scheiben schneiden. Rasch in die heiße Suppe geben und ganz kurz mitkochen. Die Suppe schmeckt warm oder kalt.

500 g Hagebutten
4 altbackene Weißbrotscheiben
1 1/2 l Wasser
1/8 l trockenen Weißwein
2–3 Eßl. Honig
Saft von 1/2 Zitrone
2 Eigelb

Hagebuttensuppe mit Weißbrot

Für Kranke soll diese Suppe gut sein, ist einem Kochbuch aus dem 19. Jahrhundert zu entnehmen. Allerdings müsse man dann auf den Wein verzichten. Wir verzichten nicht, denn uns geht's hoffentlich gut. Und dabei unterstützt uns dieses Wildrosen-Gewächs mit hohem Vitamin C-Gehalt.

Die Hagebutten von Blüten und Stengelansätzen befreien, halbieren und die Kerne mit einem spitzen Messer herausschaben. Die Früchte dann waschen und abtropfen lassen. Mit den zerkleinerten Weißbrotscheiben und dem Wasser 1 1/2 Stunden in einem geschlossenem Topf nur eben köcheln lassen. Kurz vor Ende der Garzeit den Wein bei starker Hitze um etwa ein Drittel reduzieren. Die Suppe durch ein Sieb streichen und den Wein einrühren. Die Suppe mit Honig und Zitronensaft abschmecken und vom Herd nehmen. Mit den verquirlten Eigelben legieren und warm servieren.

TIP: Beim Putzen der Hagebutten ist es sehr empfehlenswert, feine Haushaltshandschuhe zu tragen. Die haarigen Kerne jucken auf der Haut kräftig und lassen sich außerdem nur schwer abwaschen.

Brunnenkresse

250 g Mungobohnensprossen (Sojasprossen)
100 g Brunnenkresse
500 g festfleischige Erdbeeren
2–3 Eßl. feiner Weinessig
Salz
weißer (oder grüner) Peffer (Mühle)
1 Teel. brauner Zucker
5 Eßl. Traubenkernöl

Erdbeersalat mit Brunnenkresse

Eine ungewöhnliche, vielleicht sogar gewagte Mischung, die aber zu einem ganz neuen, überaus interessanten Gaumen- und Augenschmaus führt.

Die Bohnensprossen waschen, verlesen und abtropfen lassen. Längere Exemplare durchbrechen. Die Brunnenkresseblättchen von den Stielen zupfen, waschen und auf einem Küchentuch oder Haushaltspapier trockentupfen. Die Erdbeeren waschen, abtropfen lassen, erst dann entkelchen und quer in Scheiben schneiden. Aus Essig, Salz, Pfeffer und Zucker eine Salatsauce rühren und das Öl einschlagen. Erdbeeren, Kresse und Sprossen vorsichtig mit der Sauce vermischen und den Salat vor dem Servieren 15 Minuten im Kühschrank durchziehen lassen.

TIP: Die Sprossen der in die Familie der Sojabohnen gehörenden Mungobohnen lassen sich ebenso wie z.B. Senf-, Linsen- oder Alfalfasprossen ganz leicht selbst züchten. Die Samen in einer Schale oder in einem Keimgerät (gibt's im Bio-Laden) feuchthalten und sprießen lassen. So hat man auch im Winter ständig wertvolle Frischkost im Haus. Mungobohnensprossen gibt es aber unter dem Begriff Lunja auch fertig im Handel zu kaufen.

Bunter Wildsalat mit Schafskäse

250 g gemischte Wildkräuter (z.B. Gundermann,Bärlauch und Spitzwegerich)
1 Zwiebel
1 Eßl. Essig
Salz
weißer Pfeffer (Mühle)
1 Teel. süßer Senf
1 kleine Knoblauchzehe
2–3 Eßl. Sonnenblumenöl
100 g Schafskäse

Die Kräuter abbrausen und auf einem Küchentuch trockentupfen. Dickere Stiele entfernen. Die Blätter kleinschneiden. Aus der feingewürfelten Zwiebel, dem durchgepreßten Knoblauch, Essig, Salz, Pfeffer, Senf und Öl eine Marinade bereiten und mit den Kräutern vermischen. Mit dem zuvor gewürfelten oder grob geraffelten Schafskäse bestreuen.

Variante: Wer's mag, kann über den bunten Wildsalat auch nur geröstete Schwarzbrotwürfel streuen und auf den Schafskäse verzichten.

TIP: Dieser Salat kann gut mit einer Wildkräuter-Wanderung verbunden werden, denn die Zutaten lassen sich beliebig variieren. Unter Berücksichtigung der Jahreszeit (siehe Hinweise im Vorwort dieses Buches) werden die Pflänzchen gezielt gesucht. Da kommen schnell einige Kilometer zusammen!

Räucherfischsalat auf Brunnenkresse

300 g TK-Erbsen-Karotten-Gemüse
Salz
1 Zwiebel
2 Eßl. Kräuteressig
4 Eßl. Traubenkernöl
schwarzer Pfeffer (Mühle)
2 säuerliche Äpfel
300 g geräucherte Forellenfilets (oder anderen Räucherfisch)
200 g Brunnenkresse
etwas Balsamessig

Die alten Römer haben angeblich den Samen der Brunnenkresse ihren Liebesgetränken beigemischt. Ob's geholfen hat? – Wir setzen lieber auf den realen Nutzen der Blätter, die uns mit den Vitaminen A, C, D und E sowie durch ihren Jodgehalt gesundheitlich beisteht.

Das Erbsen-Karotten-Gemüse nach Vorschrift in Salzwasser garen, abgießen und auskühlen lassen. Die geschälte Zwiebel fein würfeln. Essig und Öl mit Salz und Pfeffer zu einer Salatsauce verrühren und die Zwiebelwürfel hineingeben. Die Äpfel schälen und in Würfel schneiden. Mit dem Gemüse und der Sauce vermischen. Die Forellenfilets häuten, wenn nötig entgräten, in kleine Segmente teilen und unter den Salat heben. Den Salat 15 Minuten durchziehen lassen.
In der Zwischenzeit die Brunnenkresse gründlich waschen, abtropfen lassen und die Blätter von den Stielen zupfen. Auf einer Platte anrichten und mit Balsamessig beträufeln. Den Salat auf der Brunnenkresse anrichten. Dazu schmecken in Olivenöl gerösteten Vollkornbaguettescheiben.

Löwenzahnsalat mit Pellkartoffeln

200 g mehligkochende Kartoffeln
200 g junger Löwenzahn
100 g durchwachsener Speck
3 Eßl. feinstes Speiseöl
1 Zwiebel
1 Eßl. Kräuteressig
Pfeffer und Salz
1 Eßl. gehackte Petersilie
1 Eßl. Schnittlauchröllchen

Seiner harntreibenden Wirkung verdankt der Löwenzahn in Baden manche deftige Bezeichnung, wie Bettseicher oder Bettbrunzerle. Feiner klingt das alemannische Pißangeli, was vom französichen pissenlit abgeleitet wurde – und letztendlich das Gleiche bedeutet.

Die gewaschenen Kartoffeln als Pellkartoffeln kochen. Die Löwenzahnblätter waschen, abtropfen lassen und nur die größeren Blätter in derbe Streifen schneiden. Den Speck in kleine Würfel oder feine Streifen schneiden und im heißen Öl auslassen. Die geschälte Zwiebel fein würfeln. Den Kräuteressig mit Salz und Pfeffer verrühren und mit den Zwiebelwürfeln unter den Löwenzahn mischen. Den Löwenzahnsalat mit der nur noch mäßig warmen Speck-Öl-Mischung übergießen und etwa 15 Minuten ziehen lassen.
Die Kartoffeln abgießen, rasch pellen und mit einer Gabel nicht zu fein zerdrücken. Heiß und ganz vorsichtig unter den Löwenzahnsalat heben. Den Salat mit Petersilie und Schnittlauchröllchen bestreut rasch servieren. Er kann als Vorspeise oder als Beilage zu einem kräftigen Braten, wie z. B. Schäufele oder Kalbshaxe, gereicht werden.

200 g junge Brennesselblätter
5–10 junge Bärlauchblätter
5 Eßl. Joghurt
1 Teel. mittelscharfer Senf
Salz
Zucker

Brennesselsalat mit Bärlauch

Brennessel

Auch wenn junge Brennesseln angeblich noch nicht „brennen“, sollte man beim Sammeln und Verarbeiten Handschuhe tragen. Früher glaubte man, daß ein Brennesselstrauß im Haus vor Blitzschlag schützt; bis heute weiß man, daß Brennesseln reich an Eisen und Chlorophyll sind, blutbildend, blutstillend und blutreinigend wirken.

Die Brennesselblätter waschen. Mit fast kochend heißem Wasser kurz überbrühen und sofort in Eiswasser abschrecken. Abtropfen lassen und trockentupfen. Die ebenfalls gewaschenen und trockengetupften Bärlauchblätter in Streifen schneiden. Aus Joghurt und Senf eine Salatsauce rühren, mit Salz und Zucker abschmecken und unter die Brennesseln ziehen. Den Salat mit den Bärlauchstreifen bestreuen und mit in Butter geröstetem Toastbrot servieren.

Bärenklausalat mit Speckstreifen

250 g junge Bärenklaublätter
1 Gemüsezwiebel
1 Eßl. Kräuteressig
Salz
weißer Pfeffer (Mühle)
3 Eßl. bestes Pflanzenöl
100 g durchwachsener Speck

TIP: Wem der Bärenklau als Rohkost zu derb ist, sollte (vor allem die größeren) Blätter kurz blanchieren und in Eiswasser abschrecken.

Für Kinder war Bärenklau in früherer Zeiten ein tolles Gewächs, denn aus seinen hohlen Stengeln konnte man allerlei Spielzeug herstellen. Und die Stallhasen des Großvaters naschten gerne vom zarten Blattwerk. In Rußland trockneten übrigens früher die armen Leute die Stengel solange, bis sie nach kräftigem Rütteln ein zuckerähnliches, süßes Mehl abgaben.

Die Bärenklaublätter kurz abbrausen und abtropfen lassen. Nur die größeren Blätter in breite Streifen schneiden, die kleinen ganz lassen. Die geschälte Gemüsezwiebel sehr fein würfeln und in einer Salatschale mit dem Essig und den Bärenklaublätter vermischen, mit wenig Salz und Pfeffer würzen und zehn Minuten ziehen lassen. Inzwischen den Speck in dünne Streifen schneiden und im heißen Öl knusprig ausbraten. Die Öl-Speck-Mischung fünf Minuten abkühlen lassen und über die Bärenklaublätter geben. Den Salat kurz, aber kräftig durchmischen und sofort servieren.

Beinwell-sprossengemüse

500 g junge Stengel und Sprossen von Beinwell
1 Handvoll junge Beinwellblätter
30 g frische Hefe
3/4 l Wasser
40 g Butter oder Margarine
3 Eßl. Mehl
1/4 l Milch
1/8 l kräftige Fleischbrühe (selbstgekocht oder Instant)
1/8 l süße Sahne
2 Eigelb
Salz
weißer Pfeffer (Mühle)
geriebene Muskatnuß

Beinwellstengel und -sprossen waschen und schälen. Die Blätter abspülen, trockentupfen und beiseite legen. Die Hefe ins Wasser bröckeln. Beinwellstengel und -sprossen in etwa 4 cm lange Stücke schneiden und im Hefewasser in etwa 20 Minuten weichkochen. Nebenher das Fett aufschäumen lassen und das Mehl darin hell anschwitzen. Unter Rühren mit Milch und Fleischbrühe ablöschen und 10 Minuten kräftig durchkochen. In der Zwischenzeit die Beinwellblätter feinstreifig schneiden. Stengel und Sprossen abgießen. Die Sahne mit den Eigelben verquirlen und in die heiße, jedoch nicht mehr kochende Sauce rühren. Mit Salz, Pfeffer und Muskat abschmecken. Das Gemüse hineingeben und mit den Blättern besteut als Beilage zu Braten aller Art servieren.

250 g Schafgarben-blätter
Salz
2 Eßl. Butter oder Margarine
weißer Pfeffer (Mühle)
geriebene Muskatnuß

Schafgarben-gemüse

Scharfgabe ist ein Kräutlein, dem man magische Kräfte nachsagt. Die Soldaten des Achilles' haben angeblich im Trojanischen Krieg (1200 v.Chr.) damit ihre Wunden geheilt. Daher wohl auch der lateinische Name „Achillea mille-folium". Heute ist die Schafgarbe in vielen Kräutertee-Mischungen zu finden.

Die Schafgarbenblätter gut schütteln, um eventuelles Getier zu „vertreiben", dann gründlich waschen und in Salzwasser etwa 10 Minuten blanchieren. Butter oder Margarine erwärmen. Die Blätter abgießen, gründlich abtropfen lassen und in dem Fett schwenken. Mit Pfeffer und Muskat abschmecken. Entweder mit angerösteten Weißbrotscheiben als kleine Mahlzeit servieren oder als Beilage – zum Beispiel zu Grünkernpuffern, Spiegel- oder Rühreiern.

TIP: Man erntet am besten die zarteren Blätter der Schafgarbe. Etwa ab der Mitte des Stengels aufwärts.

Kartoffelpüree mit Wiesenschaumkraut

Wiesenschaumkraut hat einen fein duftigen Geschmack und kann darum auch ganz hervorragend helle Saucen, beispielsweise zu pochiertem Fisch oder Kalbfleisch, ergänzen.

500 g mehlig kochende Kartoffeln, Salz
1 handumspannden Stauß von blühendem Wiesenschaumkraut
200 ml kochende Milch
2 Eigelb
40 g Butter
weißer Pfeffer (Mühle)

Die gewaschenen Kartoffeln schälen und mit etwas Salz in etwa 25 Minuten garkochen. In der Zwischenzeit das Wiesenschaumkraut gründlich in stehendem Wasser waschen und mit Haushaltspapier oder in einem Küchentuch trockentupfen. Einige Blüten zum Garnieren zur Seite legen. Die übrigen mit den Stengeln sehr fein hacken.
Die Kartoffeln abgießen, ausdämpfen lassen und rasch durch die Presse drücken. Sofort mit der kochenden Milch und dem Wiesenschaumkraut verrühren. Die Eigelbe verquirlen, dann mit der Butter unter das Püree rühren. Das Püree mit Salz und wenig Pfeffer würzen, in einer Schüssel anrichten und mit den Blüten bestreuen. Es schmeckt zu gebratenem oder pochiertem Edelfisch und zu hellen Braten aller Art.

Wiesenschaumkraut

Taubnesselgemüse

600 g Taubnesselstengel mit Blüten
1 Bund glatte Petersilie
2–3 Schalotten
40 g Butter oder Margarine
1/2 kleiner Kopfsalat
2 Eßlöffel Crème fraîche
Salz
geriebene Mukatnuß

Die Taubnesseln und die Petersilie in stehendem Wasser gründlich waschen und mit Haushaltspapier oder einem Küchentuch trockentupfen. Petersilien- und Taubnesselblätter sowie die Taubnesselblüten von den Stielen zupfen. Einige Blüten zur Seite legen. Die übrigen und das Blattgemüse grob hacken. Die Schalotten schälen, fein würfeln und im heißen Fett glasig werden lassen. Nebenher den Kopfsalat waschen, trockenschleudern und die Blätter feinnudelig schneiden. Das gehackten Gemüse zu den Schalotten geben, unter Rühren zerfallen lassen und im eigenen Saft etwa 5 Minuten dünsten. Dann die Kopfsalatnudeln zufügen und eben zerfallen lassen. Mit der Crème fraîche binden. Mit Salz und einem Hauch Muskatnuß abschmecken. Mit den Blüten garniert als Beilage zu kurzgebratenem hellen Fleisch, zu pochiertem, gebratenen oder gegrillten Edelfisch servieren.

Variante: Blüten und Blätter in reichlich Salzwasser kurz blanchieren, kalt abschrecken, abtropfen lassen und dann erst hacken.
In einer sahnigen Béchamelsauce als Beilage zu pochiertem Fisch reichen.

Wald- und Wiesenpizza

400 g Pizzateig (selbstgemacht oder Fertigprodukt)
200–300 g Kräuter der Saison (z.B. Löwenzahnblätter und -knospen, Bärlauch, Gundermann, Huflattichblüten)
2 Schalotten
4–6 vollreife aber feste Tomaten
3–4 Eßl. Olivenöl
2 Knoblauchzehen
Salz
schwarzer Pfeffer (Mühle)
Öl zum Einfetten
150–200 g Mozzarella-Käse

Den Pizzateig bereiten oder nach Packungsaufschrift vorbereiten. Die Kräuter waschen, trockentupfen und kleinhacken. Die geschälten Schalotten in Ringe, die zuvor abgezogenen und entkernten Tomaten in Würfel schneiden. In einer Pfanne das Olivenöl erhitzen. Die Schalotten darin glasig braten. Kräuter und Tomaten zufügen und die geschälten Knoblauchzehen durch die Presse darüberdrücken. 5 bis 10 Minuten dünsten, bis keine Flüssigkeit mehr vorhanden ist. Den Sugo mit Pfeffer und Salz abschmecken. Inzwischen den Pizzateig auf einem leicht mit Öl gefetteten Backblech auslegen und mit einer Gabel mehrfach einstechen, damit er keine Blasen wirft. Den Kräuter-Tomaten-Sugo gleichmäßig auf dem Teig verteilen. Den Mozzarella-Käse gut abtropfen lassen und in dünne Scheiben geschnitten auf die Pizza verteilen. Die Pizza im vorgeheizten Ofen bei 220° C 20 bis 25 Minuten backen.

TIP: Wer bei der Kräuterernte auf Pilze trifft und eindeutig (!) als eßbar erkennt, der sollte auch sie mit auf die Pizza geben.

Kartoffel-Kräuter-Gratin

Bei diesem Gericht lassen wir den Freunden der Wildgemüse-Küche freie Hand: Ob Spitzwegerich oder Brennesseln, Schafgarbe oder Bärlauch – alles ist möglich. Und den Variationsmöglichkeiten sind (fast) keine Grenzen gesetzt.

200 g frische Wildkräuter der Saison
500 g Kartoffeln (vorwiegend festkochend)
Butter oder Margarine zum Einfetten
Salz
weißer Pfeffer (Mühle)
geriebene Muskatnuß
1/8 l süße Sahne
100 g geriebener mittelalter Goudakäse

Die Kräuter in kaltem Wasser abspülen und mit einem Küchentuch oder Haushaltspapier trockentupfen, dann in nicht zu feine Streifen schneiden. Die Kartoffeln waschen, schälen und in feine Scheiben hobeln. Eine flache feuerfeste Form üppig einfetten. Die Kartoffeln und die Wildkräuter lagenweise hineinschichten, dabei sollte die letzte Schicht aus Kartoffeln bestehen. Die Kartoffeln jeweils mit etwas Salz, Pfeffer und Muskat würzen. Das Gratin mit Sahne übergießen und mit dem geriebenen Käse bestreuen. In dem auf 200° C vorgeheizten Ofen etwa 25 Minuten überbacken.

TIP: Es sieht recht dekorativ aus, wenn 5 Minuten vor Ende der Garzeit ganze Blätter der verwendeten Wildkräuter auf das Gratin gelegt werden.

Nudelauflauf mit Brennesseln

400 g Nudeln (Makkaroni, Bandnudeln usw.)
Salz
200 g Brennesselblätter
1 Zwiebel
2 Tomaten
2–3 Eßl. Olivenöl
1/4 l Gemüse- oder Hühnerbrühe (Instant)
schwarzer Pfeffer (Mühle)
50 g Butter
100 g süße Sahne
125 g frisch geriebener Parmesankäse

Die Nudeln in reichlich Salzwasser in 10–12 Minuten bißfest kochen, abschrecken und gut abtropfen lassen. Die Brennesselblätter abspülen, gut trockentupfen und kleinschneiden.
Die geschälten Zwiebeln und die zuvor gehäuteten Tomaten würfeln. Alles in Olivenöl andünsten, mit der Brühe ablöschen und bei starker Hitze etwa 10 Minuten einkochen lassen.
Die Hitze reduzieren und die Sahne in die Mischung rühren. Mit Salz und Pfeffer abschmecken.
Die Nudeln in eine mit etwas Butter eingefettete Auflaufform geben, mit der Gemüsesauce übergießen und mit Parmesan bestreuen. Die restliche Butter in Flöckchen über den Auflauf verteilen und diesen in dem auf 200° C vorgeheizten Ofen etwa 20 Minuten überbacken. Dazu paßt ein knackiger grüner Salat.

TIP: Wer es nicht ganz fleischlos möchte, kann gewürfelten gekochten Schinken, Fleischwurst oder Bratenreste unter die Nudeln mischen.

Bärlauchspaghetti

200 g Bärlauch-blätter
1 Zwiebel
1 grüne Paprika-schote
4 Eßl. Olivenöl
Salz
2 Knoblauchzehen
500 g grüne Spaghetti
weißer Pfeffer (Mühle)
60 g frisch geriebener Parmesankäse

Bärlauch

Was dem Genueser sein „pesto" zu Spaghetti ist, ist dem wildkräuterbegeisterten Badener sein Bärlauch-„sugo". Nur in einem hält man es auch in Baden wie in Italien: der Sugo kann auf die Spaghetti warten, niemals umgekehrt.

Die Bärlauchblätter waschen und kleinschneiden. Die geschälte Zwiebel und die von den Samensträngen befreite Paprikaschote fein würfeln. Beides in 3 EL Olivenöl andünsten. Nebenher reichlich Salzwasser mit dem restlichen Öl und den geschälten Knoblauchzehen aufkochen. Die Spaghetti darin in 10–12 Minuten „al dente" (bißfest) kochen. Den feingeschnittenen Bärlauch zu der Zwiebel-Paprika-Mischung geben und gut 5 Minuten mitdünsten. Dann mit Salz und Pfeffer abschmekken. Die Nudeln abgießen, mit dem Bärlauchsugo vermischen und mit Parmesan bestreut servieren.

Folienkartoffeln mit Bärlauch

200–250 g Bärlauchblätter
4 Schalotten
1 kg vorwiegend festkochende Kartoffeln
4 Eßl. Olivenöl
Salz
schwarzer Pfeffer (Mühle)

Obwohl der als „wilder Knoblauch" bekannte Bärlauch meist in großen Mengen vorkommt, sollte man ihn nicht „wildern". Das heißt, beim Sammeln nur drei bis höchstens fünf Blätter von jeder Pflanze abpflücken.

Die Bärlauchblätter waschen, trockentupfen und in feine Streifen schneiden. Die Schalotten schälen und fein würfeln. Die Kartoffeln waschen und schälen. In nicht zu dünne gleichmäßige Scheiben hobeln (am besten mit der Küchenmaschine). Vier Stücke Alufolie (ca. 25 cm im Quadrat) mit Olivenöl einpinseln. Die Kartoffelscheiben in dachziegelartigen Lagen in die Mitte legen, dabei schichtweise leicht salzen und pfeffern. Den Bärlauch und die Schalottenwürfel darauf verteilen. Die Alufolie so flach wie möglich gut verschließen. Die Päckchen auf ein Backblech legen. Die Kartoffeln in etwa 25 Minuten in dem auf 220° C vorgeheizten Backofen garen und als vegetarisches Hauptgericht servieren. In der halben Menge schmecken sie als Beilage zu gegrilltem Fleisch oder gebratenem Seefisch.

TIP: Wer möchte, kann die Bärlauch-Kartoffeln noch variieren: beispielsweise mit feingehackten Brennesseln oder mit Speckwürfeln.

Kabeljaufilets in Breitwegerich

20–25 große Breitwegerichblätter
600 g Kabeljaufilet
1/2 Zitrone
Salz
2 Schalotten
50 g Speck
20 g Butter oder Margarine
1/4 l trockener Weißwein
200 g süße Sahne

Wanderer und solche Mitmenschen, die sich viel in „Gottes freier Natur“ aufhalten, kennen die heilsame Wirkung des Breitwegerichs. Die bekannteste Anwendung: Bei Insektenstichen oder kleinen Wunden einBreitwegerich-Blatt zwischen den Fingern zerreiben und den Saft auf den Stich oder die Hautverletzung geben. Das hilft garantiert!

Die Breitwegerichblätter waschen, in einem Sieb mit kochendem Wasser überbrühen und abtropfen lassen. Die Kabeljaufilets kurz abspülen, trockentupfen, mit Zitronensaft säuern und schwach salzen. Den Fisch in so kleine Stücke schneiden, daß sie sich gut in die Blätter einwickeln lassen. Aus dem Fisch und den Blättern kleine Rouladen bereiten und mit Holzstäbchen feststecken. Die geschälten Schalotten und den Speck fein würfeln und in einer Pfanne im heißen Fett glasig braten. Die Fischröllchen in die Pfanne legen und rundum leicht anbraten. Mit dem Weißwein ablöschen und etwa 15 Minuten zugedeckt garziehen lassen. Die Rouladen aus der Pfanne heben und warmstellen. Den Fond mit der Sahne verrühren und bei starker Hitze um etwa ein Drittel einkochen. Die Sauce durch ein Sieb gießen, mit Salz abschmecken und getrennt zu den Kabeljau-Breitwegerich-Rouladen reichen. Dazu passen Bouillonkartoffeln.

Forelle mit Sauerampfer

4 küchenfertige Forellen von je etwa 300 g
Saft einer halben Zitrone
200 g Sauerampfer
1 Bund Petersilie
1 Zwiebel
100 g Butter
2 Eßl. Haferkleie (mit Keim, aus dem Reformhaus)
Salz
weißer Pfeffer (Mühle)
1/8 l trockener Weißwein
2 Eßl. Crème fraîche

Bei den aus der Familie der Lachsfische stammenden Forellen unterscheidet man in unseren Breiten zwischen Bach-, See- und Regenbogenforellen. Die meisten stammen heute aus Zuchtanstalten. Vor allem die edle, besonders wohlschmeckende Bachforelle ist fast nur noch privat von einem Sportangler zu bekommen.

Die Forellen innen und außen mit kaltem Wasser abspülen, trockentupfen, mit Zitronensaft beträufeln und zehn Minuten ruhen lassen. Inzwischen den Sauerampfer und die Petersilie waschen, trockentupfen und die Stiele abknipsen. Die Blätter kleinschneiden. Die geschälte Zwiebel fein würfeln und mit den Kräutern in 40 g Butter glasig dünsten. Die Haferkleie unterrühren. Die Forellen gleichmäßig mit der Kräutermischung füllen, außen mit wenig Salz und etwas mehr Pfeffer würzen. Die restliche Butter in einer großen Pfanne erhitzen und die Forellen auf jeder Seite etwa 3 Minuten anbraten, dann mit dem Wein ablöschen. Die Fische in der zugedeckten Pfanne bei milder Hitze noch fünf Minuten nachgaren lassen. Die Forellen aus der Pfanne nehmen und warmstellen. Den Fond mit Cremè fraîche binden, mit Salz und Pfeffer abschmecken und durch ein Sieb gießen. Getrennt zu den Forellen reichen. Mit Kartoffelsalat oder Stangenweißbrot servieren.

Lachsschnitten in Waldmeistersauce

1 üppiger Stauß frischer Waldmeister
1/2 l trockener Weißwein (Silvaner)
4 Lachsschnitten von je etwa 180 g
1 Limette
1 Bund Suppengrün
2 Schalotten
60 g kühle Butter
1 Teel. grüne Pfefferkörner, Salz
100 g Crème double

Einige Zweige Waldmeister waschen, feucht in ein Stück Haushaltspapier einwickeln und beiseite legen. Die restlichen Zweige 30 Minuten in die pralle Sonne legen, damit sie ein wenig welken – so entfalten sie ihre Würzkraft am besten. Dann bündeln und in einen Krug mit dem Wein hängen. 30 Minuten ziehen lassen. Die Lachsschnitten kurz abspülen und trockentupfen.

Die Limette waschen, halbieren und von jeder Hälfte 2 dünne Scheiben abschneiden. Den Rest auspressen und den Fisch mit dem Saft einpinseln. Das Suppengrün putzen, und ebenso wie die geschälten Schalotten würfeln. In einem Fischtopf (mit Einsatz) in 20 g Butter andünsten. Den Waldmeister aus dem Wein nehmen. Den Wein im Fischtopf eben aufkochen, salzen und die Pfefferkörner zufügen. Die Lachscheiben auf den Einsatz legen und in den Topf geben. Leicht salzen und in 8–10 Minuten gardämpfen. In der Zwischenzeit von dem übrigen Waldmeister die Blätter abzupfen. Den Fisch warm stellen. Den Sud durch ein Sieb gießen und bei starker Hitze um ein Drittel einkochen. Dann mit Crème double verrühren und die restliche Butter in Flocken einschwenken. Die Lachsschnitten auf Tellern anrichten, mit der Sauce überziehen, mit Limettenscheiben und den Waldmeisterblättern garnieren. Dazu schmeckt mit wildem Reis vermischter Langkornreis und ein grünes Zartgemüse, wie Zuckerschoten oder Broccoliröschen und winzige Karotten.

Waldmeister

Huflattichpfanne mit Rindfleischstreifen

250 g Huflattich-blätter
10–15 Huflattich-blüten
1 Zwiebel
1 Knoblauchzehe
20 g Butter oder Margarine
500 g gut abgehangene Rinderhüfte, in feine Streifen geschnitten
Salz
bunter Pfeffer (Fertigmischung)
100 g geriebener Emmentaler Käse
2 Eigelb
100 g süße Sahne

Für die Landwirte ist der Huflattich ein lästiges Unkraut. Vor allem dann, wenn er „höherwertige“ Pflanzen am Wachstum hindert. Wildkräuterfreunde aber wissen, daß Huflattichbäder geschwollenen Füßen ebenso Linderung bringen, wie der Tee bei Husten und Heiserkeit helfen kann – und daß Huflattich, fein gedünstet,ganz besonders sehr lecker schmeckt.

Die Huflattichblätter und -blüten säubern und kurz mit heißem Wasser überbrühen. Die Blätter in nicht zu feine Streifen schneiden; die Blüten grob zerkleinern. Die geschälte Zwiebel fein würfeln, den geschälten Knoblauch fein hacken. Das Fett in einer Pfanne erhitzen und die Zwiebel darin glasig braten. Das in feine Streifen geschnittene Rindfleisch dazugeben und unter ständigem Rühren kurz anbraten. Die Hitze etwas reduzieren. Den Knoblauch, die Huflattichblätter und -blüten in die Pfanne geben und kurz andünsten. Mit Salz und buntem Pfeffer abschmecken. Den Käse mit Eigelb und Sahne verquirlen. Über die Huflattich-Pfanne gießen und zugedeckt etwa fünf Minuten stocken lassen. Dazu kräftiges Holzofenbrot servieren.

Kräuter-Hackfleisch-Bällchen

100 g Bibernelle (Pimpinelle)
10 Gänseblümchenknospen
400 g Rinderhackfleisch
300 g Schweinemett
3 Eier
1 Eßl. Semmelbrösel
2 Eßl. Senf
3–4 Eßl. Wasser
Salz
weißer Pfeffer (Mühle)

Bibernelle

Frische Kräuter lassen sich besonders gut mit Hackfleisch kombinieren, und natürlich kann der Fleischteig auch gebraten werden. Der würzige Geschmack der Bibernelle bleibt aber bei pochierten Klößchen viel intensiver erhalten.

Die Bibernelle und die Gänseblümchenknospen kurz mit kalten Wasser abbrausen, dann trockentupfen und kleinhacken. Das Rinderhackfleisch und Mett mit den Kräutern, Eiern, Semmelbröseln und Senf unter Zugabe von etwas Wasser zu einem Teig verkneten. Mit Salz und Pfeffer abschmecken und aus dem Teig mit angefeuchteten Händen knapp tischtennisballgroße Klößchen formen. In einem möglichst weiten, nicht zu hohen Topf reichlich Salzwasser aufkochen und die Klößchen einlegen. In 15 bis 20 Minuten garziehen, auf keinen Fall kochen lassen. Die Klößchen mit einem Schaumlöffel aus dem Wasser nehmen, abtropfen lassen und auf einer vorgewärmten Platte anrichten. Dazu schmecken Tomatensauce und Reis.

TIP: Die Tomatensauce bereitet man am besten aus reifen Tomaten selbst zu. Man kann aber auch passierte Tomaten (Fertigprodukt) verwenden.

Kalbshaxe mit Beifuß

1 Kalbshaxe von etwa 1,25 kg
1 1/2 l Wasser
Salz
1 Eßl. getrocknetes Suppengrün
1 Eßl. weiße Pfefferkörner
2 Handvoll junge Beißfuß-blätter
1 große Zwiebel
125 g Butter

Noch im vorigen Jahrhundert verwendeten deutsche Hausfrauen frischen Beifuß so häufig wie heute Petersilie. Dann geriet das Kraut etwa in Vergessenheit und kam nur noch getrocknet bei fetten Braten und als Schmalzwürze zu Ehren.

Die Kalbshaxe kurz abspülen, in kaltem, kräftig gesalzenen Wasser aufsetzen. Nach dem Aufkochen das Wasser abschäumen, dann Suppengrün und Pfefferkörner zufügen. Die Haxe nicht ganz zugedeckt in 70 Minuten garziehen, nicht sprudelnd kochen lassen. Die Beifußblätter waschen, trockentupfen und nicht zu fein hacken. Die geschälte Zwiebel sehr fein würfeln, mit den Beifußblättern und etwas Salz vermischen. Die Kalbshaxe aus dem Sud nehmen, etwas abkühlen lassen, dann entbeinen und, wenn nötig, häuten. Mit der Hautseite nach unten auf die Arbeitsfläche legen und mit der Beifußmischung bestreichen. Zusammenrollen und mit Rouladengarn umwickeln. Reichlich Butter in einem großen Bratentopf erhitzen, die restliche Butter schmelzen lassen. Die Haxe in den Topf legen und mit der restlichen Butter übergießen. In dem auf 220° C vorgeheizten Backofen noch etwa 60 Minuten braten, dabei hin und wieder mit Bratfett übergießen. Die Haxe soll schön knusprig braun werden. Aufschneiden und auf einer Platte anrichten. Dazu Weißkraut- und Kartoffelsalat servieren.

Kalbsschnitzel auf Löwenzahnpüree

100 g junge, fast noch geschlossene Löwenzahnblüten
200 g junge Löwenzahnblätter
2–3 Schalotten
65 g Butter
4 Kalbsschnitzel von je etwa 180 g
weißer Pfeffer (Mühle)
2 Eßl. Olivenöl
Salz
200 ml trockener Weißwein (Riesling)
2 Eßl. Crème fraîche
1 Handvoll Gänseblümchenblüten (falls vorhanden)

Löwenzahnblüten und -blätter kurz mit kochendem Wasser überbrühen und rasch abtropfen lassen. Die Blätter grob hacken. Die geschälten Schalotten fein würfeln und in 30 g Butter glasig werden lassen. Löwenzahnblüten und -blätter zufügen und unter Rühren knapp 5 Minuten dünsten, bis kaum noch Flüssigkeit vorhanden ist.
Die Kalbsschnitzel zwischen 2 Lagen Klarsichtfolie so dünn wie möglich ausstreichen oder vorsichtig klopfen. Mit weißen Pfeffer übermahlen und den Pfeffer ins Fleisch einmassieren. In 2 Pfannen jeweils die Hälfte der restlichen Butter und 1 Eßlöffel Öl erhitzen. Die Schnitzel darin auf jeder Seite zartbraun anbraten. Den Wein angießen und die Schnitzel noch 5 Minuten dünsten. Dann salzen, herausnehmen und warm stellen. Den Schmorfond in das Löwenzahngemüse gießen, unterrühren und mit Crème fraîche verfeinern. Mit Salz und Pfeffer würzen, erhitzen und die Schnitzel darauf anrichten. Mit den abgespülten, trockengetupften Gänseblümchenblüten garnieren. Dazu schmeckt Kartoffelpüree besonders gut.

Erntefrische Kräutersauce

200 g Wildkräuter der Saison (Gänseblümchen, Salbei, Huflattich, Brennessel, Schafgarbe usw.)
1 Zwiebel
30 g Butter oder Margarine
1/8 l trock. Weißwein (Müller-Thurgau)
150 g Crème fraîche
Salz, weißer Pfeffer (Mühle)
evtl. etwas Gemüsebrühe

Die Wildkräuter kalt abbrausen, gründlich abtropfen lassen und kleinhacken. Die Zwiebel schälen und fein würfeln. Das Fett in einer Pfanne erhitzen, Kräuter und Zwiebelwürfel darin dünsten, bis die Zwiebel glasig sind. Mit dem Wein ablöschen und 2–3 Minuten köcheln lassen. Die Sauce mit dem Mixstab pürieren, dabei nach und nach die Crème fraîche zufügen. Die Sauce nochmals erwärmen; sollte sie zu dick sein, etwas Gemüsebrühe zufügen. Die Sauce schmeckt zu pochiertem Fisch, Putenfleisch oder zu Tafelspitz.

TIP: Wird die Sauce zu Fisch gereicht, sollte die Kräutermischung etwa 30 g Salbei enthalten, damit man ihn deutlich schmeckt.

Salbei

Huflattich-blütensauce

200 g Huflattich-blüten
50 g Zucker
1/4 l halbtrockener Weißwein (Ruländer oder Traminer)
1/4 l Wasser
1/4 Zimtstange
1 Gewürznelke
1/4 l natürtrüber Apfelsaft
1–2 Eßl. Grieß
Saft von 1/2 Zitrone

Huflattichbüten und -blätter machen – aufgekocht in heißem Wasser – angeblich die Atemwege frei. Wir genießen die Huflattichblüten als feine Sauce zu süßen Nachspeisen.

Die Huflattichblüten waschen, trockentupfen und fein schneiden. In eine Schüssel geben, mit Zucker bestreuen und mit Wein übergießen. Zwei bis drei Stunden durchziehen lassen. Das Wasser mit der Zimtstange und der Nelke aufkochen und 10 Minuten köcheln lassen. Die Gewürze entfernen und den Apfelsaft zugießen. Die Mischung aufkochen, den Grieß einrühren und ausquellen lassen. Die eingeweichten Huflattichblüten mit dem Wein unter die Grießsauce ziehen. Die Sauce mit Zitronensaft abschmecken und abgekühlt zu süßen Puddings oder Geleespeisen servieren.

TIP: Diese Sauce kann auch mit Waldhonig und frischen Beeren gemischt und als Pfannkuchenfüllung verwendet werden.

Bärlauchsauce

150 g Bärlauch-
blätter
30 g Butter oder
Margarine
30 g Mehl
1/2 l Gemüsebrühe
(Instant)
Salz
weißer Pfeffer
(Mühle)
1 Eigelb
100 g süße Sahne

Den Bärlauch kennen wir inzwischen aus einigen Rezepten. Wem die klassische Knoblauchsauce zu deftig ist, der sollte es einmal mit dieser verfeinerten Version versuchen:

Den Bärlauch waschen, trockentupfen und zwei Blätter zur Seite legen. Den Rest sehr fein hacken, im heißen Fett andünsten und mit Mehl bestäuben. Das Mehl unter Rühren hell anschwitzen. Die Gemüsebrühe unter ständigem Rühren langsam zufügen, aufkochen und alles 10 Minuten kräftig durchkochen lassen. Die Sauce mit Salz und Pfeffer abschmecken, dann von der Kochstelle nehmen. Eigelb mit Sahne verquirlen und in die Sauce rühren (nicht mehr aufkochen lassen!). Die zur Seite gelegten Bärlauchblätter in feine Querstreifen schneiden und über die Sauce streuen. Sie schmeckt zu gegrilltem oder gebratenem Fisch und Fleisch, aber auch zu pochiertem Fisch aller Art.

TIP: Wo der Bärlauch ganz üppig wächst, kann man auch hier und da eine starke Pflanze herausziehen. Die Knollen schmecken wie milder Knoblauch und werden wie dieser für Salate, Saucen oder mit einigen gehackten Blättern für eine Knoblauchbutter verwendet.

20–25 große Sauer-
ampferblätter
20 g Butter oder
Margarine
1 Eßl. Mehl
1/4 l Gemüse- oder
Hühnerbrühe
(Instant)
4–5 Eßl. trockener
Weißwein
Salz
geriebene Muskatnuß
2 Eßl. saure Sahne

Sauerampfersauce

Die Sauerampferblätter waschen, trockentupfen und fein hacken. 1 eßlöffelvoll zur Seite stellen. Butter oder Margarine in einem flachen Topf erhitzen und das Mehl darin anschwitzen. Den Sauerampfer zufügen und 2 bis 3 Minuten dünsten. Mit der Brühe ablöschen, aufkochen und die Sauce unter häufigem Rühren in etwa 8 Minuten etwas einkochen lassen. Den Wein einrühren und die Sauce noch einige Minuten köcheln lassen, bis sie ganz sämig ist. Mit etwas Salz und Muskat abschmecken.
Die Sauce mit saurer Sahne verfeinern und heiß zu Fleisch oder Pellkartoffeln (neue Kartoffeln) servieren.

Variante: Die Sauce bekommt durch einige feingehackte Bärlauchblätter oder -knollen einen besonderen Pfiff.

Pikante Waldbeerensauce

400 g gemischte Waldbeeren (außer Erdbeeren)
1/2 Zimtstange
2 Gewürznelken
1 Stück Sternanis
1/4 l Rotwein
1/4 l Wasser
1 Teel. Speisestärke
2 Eßl. trockener Sherry (Fino)
1 Prise Salz
2 Eßl. flüssiger Honig
1 Eßl. Cognac
1–2 Teel. rosa Pfeffer (rosa Beeren)

Die Waldbeeren verlesen, waschen und abtropfen lassen. Mit der Zimtstange, den Nelken und dem Sternanis in Rotwein und Wasser solange kochen, bis sie weich geworden sind. Dann durch ein Sieb streichen und erneut aufkochen. Die Speisestärke in dem Sherry glattrühren und die Sauce damit binden. Einmal aufkochen lassen und vom Herd nehmen. Mit Salz, Honig und Cognac abschmecken. Die Pfefferbeeren im Mörser grob zerstoßen und in die Sauce geben. Die Sauce warm oder kalt zu Roastbeef, Entenbraten oder Wild servieren.

80 g junge Breitwegerichblätter
1 Schalotte
20 g Butter oder Margarine
1/4 l Gemüse- oder Fleischbrühe (Instant)
2 Eßl. Crème fraîche
Salz
bunter Pfeffer (Fertigmischung)
1 Bund Schnittlauch

Wegerichsauce

Die Breitwegerich-Blätter waschen, trockentupfen und fein hacken. Die geschälte Schalotte in kleine Würfel schneiden. Beides im heißen Fett andünsten. Mit der Brühe ablöschen und die Crème fraîche einrühren. Die Sauce mit Salz und buntem Pfeffer würzen und mit Schnittlauchröllchen bestreut zu gedünstetem Fisch servieren.

TIP: Wem der Breitwegerich in dieser Form zu deftig ist, kann die Blätter vor der Verarbeitung kurz in kochendem Wasser blanchieren.

Sanddornsauce

400 g Sanddornbeeren
150 g Zucker
1 Blutorange
Paprika edelsüß

Sanddorn

Sanddornbeeren mit kaltem Wasser waschen, verlesen und abtropfen lassen. Zusammen mit dem Zucker etwa 30 Minuten köcheln, bis die Beeren weich sind. Den Fruchtbrei durch ein Sieb streichen, mit dem ausgepreßten Saft der Blutorange verrühren und mit Paprika abschmecken. Warm zu Kassler, Wild oder dunklem Geflügel servieren. Kalt schmeckt die Sauce zu kaltem Schweinebraten oder Roastbeef.

TIP: Die Sauce kann gar köstlich mit einem Schuß Likör verfeinert werden, z.B. Orangen-, Mandel-, Kirsch- oder Orangenlikör; dann je doch etwas weniger Zucker verwenden.

Gänseblümchen

200 g Mehl
4–5 Eier
3/8 l süße Sahne
1 Prise Salz
Butter oder Margarine zum Backen
100 g Gänseblümchenblüten
150 g Honig, am besten Akazienhonig
Puderzucker zum Bestäuben

Gänseblümchencrêpes

Aus Mehl, Eiern, Sahne und Salz einen dünnen Crêpesteig bereiten. Butter oder Margarine in einem kleinen Pfännchen erhitzen und den Teig zu hauchdünne Pfannkuchen (Crêpes) ausbacken. Fertige Crêpes warmstellen, bis der gesamte Teig verbraucht ist. Die Gänseblümchenblüten in kochendem Wasser kurz blanchieren, abgießen und über einem Topf abtropfen lassen. Den Honig in den Topf geben und unter Rühren erwärmen, damit Honig und Abtropfflüssigkeit sich zu einer glatten Sauce verbinden. Erst dann die Blüten darunterziehen. Die Crêpes mit dem Blumenhonig füllen, zusammenrollen und mit Puderzucker bestäubt rasch servieren.

TIP: Gänseblümchenblüten schmecken auch köstlich auf Butterbrot. Feines Roggenbrot mit Butter und Honig bestreichen und mit den Blüten bestreuen. Vor allem Kinder, die sonst schlecht essen, kann man damit locken. Wer es lieber pikant hat, salzt die Butter und bestreut dann das Brot mit feingehackten Blüten und Blättern und einigen Schnittlauchröllchen.

Törtchen mit Walderdbeeren

150 g Mehl
50 g gemahlene Mandeln
75 g Puderzucker
100 g weiche Butter
1 kleines Ei
Mehl zum Ausrollen
Butter zum Einfetten
3 Eßl. Erdbeerkonfitüre
2 cl Himbeergeist
400 g Walderdbeeren
1/8 l süße Sahne
1 Pckch. Vanillezucker
20 g gehackte Haselnüsse

Walderdbeere

Das Mehl in eine Schüssel sieben, mit den Mandeln und dem Puderzucker vermischen. Die Butter in Flöckchen und das Ei zufügen und alles zu einem geschmeidigen Teig kneten. Den Teig zur Kugel formen und in einem Gefierbeutel für 60 Minuten in den Kühlschrank legen. Den Teig dann auf der bemehlten Arbeitsfläche etwa 5 mm dick ausrollen und zu 4 Kreisen ausstechen, die im Durchmesser etwa 4 cm größer sind als der obere Tortelettförmchendurchmesser. Die eingefetteten Förmchen mit dem Teig auskleiden und ihn mit einer Gabel mehrmals einstechen. Die Törtchen in dem auf 200° C vorgeheizten Ofen in 15 bis 20 Minuten goldbraun backen und in den Formen etwas abkühlen lassen. Die Erdbeerkonftüre leicht erwärmen, mit dem Himbeergeist verrühren und die noch lauwarmen Törtchen damit einstreichen. Die Erdbeeren waschen, abtropfen lassen und verlesen. Die Sahne mit dem Vanillezucker steif schlagen. Die abgekühlten Törtchen aus den Formen lösen, mit Sahne füllen und die Erdbeeren darauf anrichten. Die Nüsse goldbraun rösten, abkühlen lassen und die Törtchen damit bestreuen.

Sommerbeeren mit Likör

400 g Wildbeeren
(Brombeeren, Heidelbeeren, Himbeeren, Preiselbeeren)
1 Eßl. Zucker
2 cl beliebiger Likör

Die Beeren verlesen, in einem Sieb kurz abbrausen und abtropfen lassen. Dann in einer Schüssel mit dem Zucker und dem Likör vermischen. Etwa eine Stunde im Kühlschrank durchziehen lassen. Dabei hin und wieder umrühren, damit der Zucker sich besser auflöst.
Dazu schmeckt eine „klassische", aus Eigelben aufgeschlagene Vanillinsauce.

TIP: Bei einer Beerenmischung sollte man einen Likör als „Kontrast" wählen: z. B. Mandel-, Quitten- oder Orangenlikör. Bei nur einer Beerensorte paßt ein Likör aus den gleichen Früchten besser. Oder Sie stellen den Likör selber her: 300 g Beeren mit einer Gabel leicht zerdrücken, mit 150 g Zucker vermischen und einige Stunden ziehen lassen, bis der Zucker sich aufgelöst hat. Dann mit 0,7 l Cognac (bei hellen Beeren) oder Obstler (bei dunklen Beeren) übergießen. 2 Monate stehen lassen, dann abseihen und genießen.

Wildobstsalat

Je 100 g späte Heidelbeeren, Preiselbeeren und Brombeeren
Je 50 g Sanddornbeeren und Hagebutten
2–3 Eßl. echter Tannenhonig
25 g gehackte Haselnüsse

Eine typische Spätsommer-Mischung, die überaus vitaminreich ist. Und was gibt's schöneres, als in den Septemberwochen durch die heimischen Wälder zu streichen.

Die Wildfrüchte abbrausen, verlesen und abtropfen lassen. Die Hagebutten von Blüten- und Stengelansätzen befreien, halbieren und die Kernchen mit einem spitzen Messer ausschaben. Dann nochmals waschen, abtropfen lassen und in feine Streifen schneiden. Alle Beeren vorsichtig mischen. Den Tannenhonig im mäßig warmen Wasserbad anwärmen, so daß er flüssiger wird. Den Honig unter den Obstsalat heben. Den Salat mit den Nüssen bestreut servieren. Wer mag, kann dazu noch Schlagsahne reichen.

TIP: Dieser Salat kann durchaus als kleine Zwischenmahlzeit oder am Abend gereicht werden. Wer mag gibt noch einige Birnenschnitze oder eingeweichten Rosinen dazu.

Schlehensaft

Schlehen nach den ersten Frösten ernten, verlesen, waschen und abtropfen lassen. In einer Schüssel oder einem Topf mit kochendem Wasser übergießen. Die Früchte müssen ganz bedeckt sein. Über Nacht stehen lassen. Am nächsten Morgen das Wasser abgießen, aufkochen und erneut über die Schlehen gießen. Den Vorgang am nächsten Tag wiederholen und nochmals über Nacht stehen lassen. Die Flüssigkeit durch ein Sieb ablaufen lassen. Den Saft nach Belieben mit Zucker süßen, aufkochen und in gründlich gesäuberte Flaschen füllen. Die Flaschen rasch mit Korken oder Gummikappen verschließen. Den Saft kühl, dunkel und trocken aufbewahren. Dabei kann sich jedoch unter Umständen Schimmel bilden. Darum ist es besser, wenn man den Saft in gut schließenden, gefriergeeigneten Gefäßen im Tiefkühlgerät aufbewahrt.

Hinweis: Es ist wichtig, daß die Früchte vor dem Übergießen nicht verletzt werden, denn dann geben sie zuviel Gerbsäure ab, die den Saft unangenehm bitterlich schmecken läßt.
Der Saft wirkt übrigens leicht abführend und beruhigend. Ebenso wie Holunderbeersaft kann man ihn auch bei Erkältungen verabreichen, wenn der Patient schwitzen soll.

Creme von Schlehensaft

8 Blatt weiße Gelatine
1/2 l Schlehensaft
Zucker nach Belieben
200 g süße Sahne

Die zusammengerollte Gelatine ca. 10 Minuten kalt einweichen. Den Schlehensaft erhitzen und süßen. Die ausgedrückte Gelatine darin auflösen und die Mischung in einer Servierschale in den Kühlschrank stellen. Die Sahne steif schlagen. Sobald das Gelee eben fest zu werden beginnt, die Sahne mit dem Schneebesen locker aber gründlich unterziehen. Für etwa 2 Stunden wieder kühl stellen. Das fertige Gelee nach Belieben mit Sahnetupfen oder winzigen Mandelmakronen garnieren.

Schlehenlikör

Schlehenlikör ist eine Köstlichkeit für Kenner: Die Früchte möglichst erst nach scharfem Frost ernten, weil sie dann süßer sind. Verlesen, waschen und abtropfen lassen. Eine möglichst dickbauchige Flasche zu etwa zwei Dritteln mit den Schlehen füllen und bis zum Flaschenhals hochprozentigen Schnaps angießen. Am besten nimmt man dazu einen geschmacksneutralen Weizenkorn oder Wodka, die beide das Schlehenaroma besonders gut zur Geltung kommen lassen.
Die Früchte 2 Monate stehen lassen, dann die Flüssigkeit durch ein Seihtuch abgießen. Ist der Likör durch die Früchte nicht süß genug, hellen Kandis in wenig Wasser auflösen und den Likör damit nach Belieben süßen.

Heidelbeer-Mandel-Kompott

400 g Heidelbeeren
3 Eßl Zucker
1 Teel. Zimt
100 g Mandelblättchen
200 g Schlagsahne
1 Päckchen Vanillezucker

Die Heidelbeeren waschen und auf einem Sieb abtropfen lassen. Die Beeren in einer Schüssel mit Zucker und Zimt vermischen. In einen weiten Topf, im dem die Schüssel gut Platz hat, einen umgedrehten Teller legen. Den Topf etwa bis zur Hälfte mit Wasser füllen und das Wasser aufkochen. Die Schüssel hineinstellen und zudecken. Das Kompott im ständig leise siedenden Wasserbad ca. 30 Minuten garen. Die Mandeln in einer Pfanne ohne Fettzugabe goldgelb rösten. Die Sahne mit dem Vanillezucker steif schlagen und in einen Spritzbeutel mit glatter Tülle füllen. Das Kompott warm oder kalt auf Dessertellern anrichten, mit der Sahne und den Mandelblättchen garnieren.

Hinweis: Diese sehr schonende Garmethode kann bei allen zarten Beeren, wie Walderdbeeren und Himbeeren, angewendet werden. Ist das Kompott für Erwachsene bestimmt, kann man vor dem Garen noch 1 Gläschen (2 cl) Hochprozentiges hineingeben oder das fertige Kompott mit einem passenden Likör „parfümieren".

400 g junge Huflattichblüten mit Stiel
1/2 l halbtrockener Weißwein (Müller-Thurgau)
8 Blatt weiße Gelatine
6 Eßl. Zucker

Huflattich-Götterspeise

Die Huflattichblüten am Stiel anfassen und einige Male in stehenem Wasser schwenken. Mit Haushaltspapier oder in einem Küchentuch trocktupfen. Die Blüten erst dann von den Stengeln zupfen und die Stengel kleinschneiden. Beides in eine Schüssel geben und mit dem Wein begießen. Gut 12 Stunden kühlstellen. Die Gelatine nach Anweisung einweichen. Den Wein mit dem Huflattich und Zucker etwas erwärmen, bis sich der Zucker aufgelöst hat. Dann die ausgedrückte Gelatine darin auflösen. In zuvor kalt ausgespülte Dessertförmchen füllen und drei Stunden kühlstellen. Die Förmchen dann kurz in heißes Wasser tauchen, das Gelee stürzen und servieren.

Variante: Probieren Sie doch mal **Huflattichhonig:** Dazů 500 g frisch gepflücke Blüten mit Wasser bedeckt und mit einem Teller beschwert über Nacht ziehen lassen. Dann solange im Einweichwasser kochen, bis die Blüten fast farblos sind. Das Wasser zuerst durch ein Haarsieb, dann durch ein Seihtuch ablaufen lassen. Das Wasser und die gleiche Menge Gelierzucker abwiegen. Beides aufkochen und eine Minute kochen lassen. Dann eine Gelierprobe machen. Ist der „Honig“ nicht fest genug, etwa 10% der vorher verwendeten Zuckermenge einrühren und alles erneut aufkochen. Dann in heiß ausgespülte Gläser mit Schraubdeckel füllen. Abkühlen lassen und im Kühlschrank aufbewahren.

Holunderküchle

8 Holunderblüten-Dolden
200 g Mehl
1 Prise Salz
3 Eigelb
1/4 l süße Sahne
3 Eiweiß
1 Päckchen Vanillezucker
Erdnußöl zum Ausbacken
Zucker und Zimt

Ist er nicht berauschend: dieser Frühsommerduft der Hollunderblüten? Mit den frisch gepflückten Blüten lassen sich feine Dinge, wie zum Beispiel Holunderblütensekt, herstellten. Der Klassiker sind jedoch Holunderküchle.

Aus Mehl, Salz, Eigelb und Sahne einen Teig rühren und 30 Minuten ruhen lassen. In der Zwischenzeit die Blütendolden entweder nur abschütteln, damit kleine Insekten abfallen, oder kurz abbrausen. Dann gründlich trockenschütteln und mit den Blüten nach unten für einige Minuten auf eine dicke Lage Haushaltspapier setzen. Das Eiweiß mit dem Vanillezucker zu schnittfestem Schnee schlagen und gründlich unter den Teig ziehen.
Das Öl in einem weiten Topf auf 175° C erhitzen. Die Blüten durch den Teig ziehen und jeweils 2–3 auf einmal im heißen Fett goldbraun ausbacken. Auf einer dicken Lage Haushaltspapier abfetten lassen und mit Zimt-Zucker bestreut warm servieren.

TIP: Wenn die Blütenseite fast ausgebacken ist, den Stiel mit einer Schere abschneiden. So läßt sich die Rückseite der Dolde auch schön ausbacken. Die Küchle übrigens in Maßen genießen, zuviel kann zu ungewollt reger Darmtätigkeit führen.

Apfelscheiben mit Sanddornsauce

300 g Sanddornbeeren
100 g Zucker
4 Äpfel (z.B. Boskop)
Saft von 1 Zitrone
Erdnußöl oder Kokosfett zum Ausbacken
4 Eßl. Mehl
2 Eier
4–5 Eßl. Haferkleie
2 Eigelb
1/2 Becher süße Sahne

Für die Sauce die Sanddornbeeren waschen, verlesen und abtropfen lassen. Mit dem Zucker vermischen und bei schwacher Hitze im eigenen Saft in etwa 30 Minuten weich werden lassen. Nebenher die Äpfel schälen, von den Kerngehäusen befreien und quer in ca. 5 mm dicke Scheiben schneiden. Mit Zitronensaft beträufeln. In einem weiten Topf reichlich Ausbackfett auf 175° C erhitzen. Die Apfelscheiben nacheinander in Mehl, den verquirlten Eiern und der Haferkleie wenden und immer 2–3 auf einmal im heißem Fett ausbacken. Auf einer dicken Lage Haushaltspapier abfetten lassen und warm halten, bis alle Apfelscheiben fertig sind. Nebenher die Sanddornbeeren durch ein Sieb streichen. Die Eigelbe mit der Sahne verquirlen und unter die Sanddornsauce ziehen. Nach Belieben mit etwas Zitronensaft abschmecken. Die Apfelscheiben auf Tellern anrichten und mit der Sanddornsauce umgossen servieren. Als dekorative Garnitur eigenen sich Minze- oder Zitronenmelisseblättchen.

Rezeptregister

A

B

C

E

F

G

H

K

L

N

P

R

S

T

W

Die Deutsche Bibliothek –
CIP-Einheitsaufnahme
Badische Wildkräuterküche
[Manfred Braig.
Ill. Ushie Dorner]. – Lahr:
Schauenburg, 1994
ISBN 3-7946-0305-2
NE: Braig, Manfred,
Dorner, Ushie

ISBN 3-7946-0305-2
Gestaltung und Layout:
Ulrich Hagen Müller, Zell a.H.
Redaktion:
Veronika Müller, Zell a.H.
Illustrationen:
Ushie Dorner, Plourie (Frankreich)
Lithos: Repro Service, Frankfurt
Druck und buchbinderische
Verarbeitung: S.G.B. Schauenburg
Graphische Betriebe GmbH,
Schwanau